Date: 10/24/18

SP J 630 WAL
Waldendorf, Kurt,
¡Que vivan los granjeros! /

¡QUE VIVAN LOS GRANJEROS!

por Kurt Waldendorf

BUMBA BOOKS™
en español

EDICIONES LERNER ◆ MINNEAPOLIS

Nota para los educadores:

En todo este libro, usted encontrará preguntas de reflexión crítica. Estas pueden usarse para involucrar a los jóvenes lectores a pensar de forma crítica sobre un tema y a usar el texto y las fotos para ello.

ediciones Lerner
Una división de Lerner Publishing Group, Inc.
241 First Avenue North
Mineápolis, MN 55401, EE. UU.

Si desea averiguar acerca de niveles de lectura y para obtener más información, favor consultar este título en www.lernerbooks.com

Library of Congress Cataloging-in-Publication Data

Names: Waldendorf, Kurt.
Title: ¡Que vivan los granjeros! / por Kurt Waldendorf.
Other titles: Hooray for farmers! Spanish
Description: Minneapolis : Ediciones Lerner, [2018] | Series: Bumba books en español. ¡Que vivan los ayudantes comunitarios! | Audience: Age 4–7. | Audience: K to grade 3. | Includes bibliographical references and index.
Identifiers: LCCN 2016042728 (print) | LCCN 2016046703 (ebook) | ISBN 9781512441383 (lb : alk. paper) | ISBN 9781512453867 (pb : alk. paper) | ISBN 9781512449754 (eb pdf)
Subjects: LCSH: Farmers—Juvenile literature.
Classification: LCC S519 .W3318 2018 (print) | LCC S519 (ebook) | DDC 630—dc23
LC record available at https://lccn.loc.gov/2016042728

Fabricado en los Estados Unidos de América
1 – CG – 7/15/17

Tabla de contenido

Granjeros

Los granjeros ayudan a que las

plantas y los animales crezcan.

Ellos trabajan en granjas.

Las granjas están formadas por lotes de tierra. Los granjeros siembran sus cultivos en esa tierra. Los animales también viven en esa tierra.

Los granjeros usan máquinas grandes.

Este granjero jala un arado

con un tractor.

El arado prepara la tierra

para las semillas.

¿Por qué piensas que los granjeros pueden necesitar máquinas grandes?

Las semillas se

vuelven cultivos.

El maíz crece muy alto.

Los granjeros usan una

cosechadora para recoger

el maíz.

Algunos granjeros no

necesitan máquinas.

Esta granjera usa las manos.

Recolecta huevos de gallina.

Los granjeros cuidan a los animales.

Los animales crecen de bebés
a adultos.

Los granjeros mantienen sanos
a los animales.

Este granjero está alimentando
a un cerdo bebé.

¿De qué otras maneras piensas que los granjeros cuidan a sus animales?

Los granjeros proveen la comida
que comemos.

Nosotros obtenemos los huevos y la
carne que comemos de las gallinas.

Comemos el maíz que crece
en los campos.

¿Qué otras comidas cultivan los granjeros?

17

Los granjeros saben mucho sobre los cultivos y los animales de granja.

Aprenden de otros granjeros.

Otros también aprenden en la universidad cómo ser granjeros.

La vida de los granjeros

es dura.

Ellos se despiertan

temprano para cuidar

a los animales.

Trabajan todo el día.

Herramientas de los granjeros

arado

tractor

cosechadora

semillas

Glosario de las fotografías

arado

una máquina que desentierra la tierra

cosechadora

una máquina que recoge los cultivos

cultivos

plantas que se siembran para obtener alimentos o productos

recolecta

reúne o recoge cosas

23

Leer más

Jeffries, Joyce. *Meet the Farmer.* New York: Gareth Stevens, 2014.

Meister, Cari. *Farmers.* Minneapolis: Bullfrog Books, 2015.

Siemens, Jared. *Farmer.* New York: AV2 by Weigl, 2015.

Índice

Crédito fotográfico

Las fotografías en este libro se han usado con la autorización de: © emholk/iStock.com, p. 5; © MaxyM/Shutterstock.com, pp. 6–7; © tanger/Shutterstock.com, pp. 9, 23 (esquina inferior derecha); © Jan van Broekhoven/Shutterstock.com, pp. 10–11, 23 (esquina superior derecha); © Phovoir/Shutterstock.com, pp. 12, 23 (esquina superior izquierda); © andresr/iStock.com, p. 15; © Monkey Business Images/Shutterstock.com, p. 16; © simonkr/iStock.com, p. 19; © Air Images/Shutterstock.com, pp. 20–21; © Charles Brutlag/Shutterstock.com, p. 22 (superior); © stefan11/Shutterstock.com, p. 22 (esquina inferior derecha); © Ekaterina Lin/Shutterstock.com, p. 22 (esquina inferior izquierda); © Sea Wave/Shutterstock.com, p. 23 (esquina inferior izquierda).

Portada: © Alexander Raths/Shutterstock.com.